Ville de Paris.

STATUTS

et

RÉGLEMENT COMP.·.

de

TOUS LES DEVOIRS RÉUNIS

1865

VILLE DE PARIS

STATUTS

et

RÉGLEMENT COMP.·.

de

TOUS LES DEVOIRS RÉUNIS

PARIS

TYP. VERT FRÈRES, RUE DU POURTOUR-SAINT-GERVAIS, 8

1865

VILLE DE PARIS

STATUTS

et

RÉGLEMENT COMP.·.

de

TOUS LES DEVOIRS RÉUNIS

Article premier.

Les Comp.·. de Paris, en se formant en Société, comprenant l'importance et la grandeur de leurs devoirs, ainsi que les services mutuels qu'entre eux ils doivent se rendre, déclarent, sur la foi du serment, accepter dans toutes ses conséquences et sa teneur le présent Réglement.

Art. 2.

La Société se composera exclusivement de Compagnons. Tous les devoirs et toutes les corporations compagnonniques y seront admis sans distinction; mais à la condition expresse d'être reconnus et présentés par un ancien corps compagnonnique du Devoir.

Art. 3.

Les Comp.·. devront être présentés par des Comp.·. de leur corporation, qui répondront, sur l'honneur, que le candidat a fidèlement rempli ses devoirs envers sa Société, et s'en est honorablement retiré. Ils peuvent cependant faire partie de la présente

Société et être encore en activité dans leur Société respective. Deux Compagnons, qui seront ses parrains et inscrits comme tels sur un registre d'admission, l'affirmeront devant l'Assemblée.

Art. 4.

Les Comp.·. devront au préalable être munis d'un certificat de médecin reconnu par une des Facultés, ou de celui du médecin de la Société, constatant leur état de santé, qu'ils ne sont atteints d'aucune maladie chronique ou habituelle. Le Comp.·. qui cacherait ces cas de maladie aux médecins serait immédiatement radié.

Art. 5.

Les Comp.·. seront admis jusqu'à
sans distinction d'âge. Ce temps écoulé, la Société avisera sur la durée du noviciat et le droit d'admission de tel âge à tel âge, et en fixera le mode de paiement.

Art. 6.

Seront exclus de la Société, les Comp.·. qui, violant leurs promesses, n'accompliraient pas les devoirs imposés par les Statuts et Réglement. Seront de même exclus, ceux qui feraient intervenir dans les affaires de la Société des personnes étrangères; subiront la même peine, les Comp.·. qui chercheraient à porter le trouble et la désunion dans la Société, en entravant la marche bienfaisante et conciliatrice, de même que d'y substituer un but ou un intérêt contraire aux siens.

Les exclusions seront prononcées en Assemblée générale, à la majorité des voix, et par bulletin secret. (Voir l'art. 47.)

COTISATIONS

Art. 7.

Tout Comp.·. paiera une cotisation de deux francs par mois, qu'il s'engage à payer tous les premiers dimanches de chaque mois, entre les mains d'un des Receveurs ou d'autres Comp.·. chargés de la remettre pour lui.

Art. 8.

Si un Comp.·. était en retard de sa cotisation, un avis fraternel lui serait adressé; si ce retard était de trois mois, la Société le priverait de ses avantages, dans lesquels il ne pourrait rentrer qu'après s'être entièrement acquitté.

Art. 9.

La Société pourra, si ses besoins le réclament, élever le chiffre de sa cotisation de 50 cent. à un franc par mois.

OBLIGATIONS DE LA SOCIÉTÉ
ENVERS SES MEMBRES

Art. 10.

La Société accorde aux Comp.·. malades les soins d'un médecin. Il sera facultatif aux malades d'employer tel médecin qu'il voudra, s'il le préfère à celui de la Société, conformément à l'art. quatrième.

Art. 11.

Les Comp.·. malades recevront en outre une indemnité en argent et deux francs par jour ; ceux qui se feront traiter par un médecin autre que celui de la Société, recevront un supplément de cinquante centimes par jour à charge par eux de payer leur médecin.

Art. 12.

Aucun secours ne sera accordé pour les maladies résultant de la débauche et de l'intempérance, de même que pour blessures reçues dans une rixe.

Art. 13.

Une indisposition de trois jours ne donne pas droit à une indemnité. Les Comp.·. malades doivent verser la cotisation mensuelle comme en état de santé.

Art. 14.

Un Comp.·. qui serait dans la nécessité de s'absenter, et qui tomberait malade, aura droit aux secours d'argent seulement; il devra, pour cela, faire connaître immédiatement au Secrétaire, l'endroit où il est malade et lui indiquer le médecin qui le traite. Il devra produire, lors de ses réclamations, un certificat constatant par le médecin la nature de la maladie et quelle en a été la durée. Ce certificat devra être légalisé par le Maire de la commune et par un ou deux Comp.·.

Art. 15.

Si un Comp.·. était soigné à l'hôpital, il ne recevrait que 50 centimes par jour; le reste, soit 1 fr. 50, serait remis à sa femme, s'il est légitimement marié. S'il est célibataire, la totalité de la somme lui sera remise à sa sortie de l'hôpital.

Art. 16.

Aussitôt qu'un Comp.·. tombera malade, il devra faire prévenir le Secrétaire, qui délivrera immédiatement deux feuilles d'avis faites à l'avance, une pour le Médecin, une pour le premier en ville de la corporation. Ces deux feuilles devront de suite être portées à leur adresse. Le Médecin, au reçu de sa feuille d'avis, visitera le malade, constatera sur sa feuille la nature de la maladie, et la renverra au Secrétaire qui l'inscrira sur son livre de secours. Le premier en ville, à la réception de sa feuille, visitera le malade, s'informera si son livret est en règle, et s'il a droit aux secours, lui donnera des Visiteurs autant que possible dans son corps d'état, ou les Comp.·. les plus rapprochés du malade, lui laissera sa feuille sur laquelle seront disposées des cases à signer par le Médecin et les Visiteurs à chaque visite qu'ils feront.

Le premier en ville veillera à ce que le malade soit régulièrement visité et soigné très-convenablement. En cas de mort, il préviendra le Comp.·. chargé des enterrements et le Secrétaire.

Art. 17.

Quand un Compagnon tombera malade, à la première visite du Médecin, il devra lui dire, s'il veut, la continuité de ses soins.

Le Secrétaire, à la première Assemblée, devra faire connaître à la Société la maladie de ce Comp.·., car visiter un A.·. et F.·. est un devoir qui, sans être obligatoire pour tous, n'en est pas moins sacré et Compag.·.

Art. 18.

Aussitôt la convalescence d'un malade, celui-ci devra rendre les visites aux Comp.·. de service qui l'auront visité pendant sa maladie, et leur demandera ce dont il aura besoin jusqu'à sa parfaite guérison.

Art. 19.

Les Compagnons visiteurs auxquels des occupations ne permettraient pas de remplir leurs devoirs envers un malade, pourront s'entendre avec d'autres Comp.·. et se faire remplacer en prévenant le Comp.·. premier en ville.

ENTERREMENTS

Art. 20.

Au décès de chaque Comp.·., il sera, au maximum, prélevé une somme de 75 fr. pour subvenir aux frais d'inhumation. Une cotisation extraordinaire sera faite en faveur de la veuve et de ses enfants, si besoin il y a; elle ne pourra excéder un franc par membre.

Art. 21.

La Société sera représentée aux enterrements par une Commission composée au moins de vingt-cinq Membres, pris par rang d'inscription sur les registres. Cette Commission sera obligatoirement tenue d'y assister; le Membre qui ferait défaut serait passible d'une amende stipulée à l'art.

La Commission sera renouvelée à chaque enterrement, en suivant toujours le rang d'inscription. Le Secrétaire, en prévenant chaque Membre en particulier, recommandera au premier inscrit de vérifier si les Membres dont il aura la liste sont présents à la cérémonie, en rendrait compte au Trésorier pour, ce dernier, réclamer le prix de l'amende qui sera versé à la première Assemblée mensuelle avec sa cotisation. Cette recommandation est d'autant plus sérieuse que la présence des autres Comp.·. est facultative, en rappelant à tous, qu'il est un devoir de rendre à un F.·. décédé les derniers honneurs.

ADMINISTRATION

Art. 22.

La Société est administrée par les Comp.·. formant le Bureau, composé ainsi qu'il suit :

Un Président et deux Vice-Présidents ;

Un Secrétaire chargé des affaires intérieures et administratives de la Société ;

Un Secrétaire chargé des affaires extérieures ;

Deux Sous-Secrétaires adjoints ;

Un Trésorier et deux Receveurs adjoints au Trésorier ;

Un Maître des cérémonies et deux Adjoints ;

Un Comp.·. couv.·. et trois Adjoints.

Art. 23.

Le Président est chargé de faire exécuter les Statuts et Règlement, de présider les Assemblées, les Commissions, de maintenir un ordre très-rigoureux dans les discussions, de veiller à ce que chacun puisse émettre librement son opinion ; il rappelle à l'ordre et retire la parole à celui qui la garderait trop longtemps, comme à celui qui s'écarterait de la question.

Il prononce les amendes, résume les discussions, met les propositions aux voix.

Il convoque les Assemblées extraordinaires non prévues par le Règlement. Il ordonne les dépenses de la Société, conformément aux décisions du Bureau ou de la Société. Dans toutes les délibérations, en cas de partage de voix, celle du Président est prépondérante. Il est nommé pour cinq ans.

En cas d'absence du Président, ses attributions seront d'abord exercées par le premier Vice-Président ; en cas de non présence de celui-ci, les fonctions reviendraient au deuxième Vice-Président.

Art. 24.

La Société se mettra en rapport avec les autres Sociétés compagnonniques de France ; le Secrétaire des affaires extérieures tiendra la correspondance en double sur un registre à ce destiné et y copiera les réponses au reçu des lettres ; il en rendra compte au Bureau.

Art. 25.

Le Secrétaire des affaires étrangères est chargé de la rédaction des procès-verbaux de chaque séance sur un registre destiné à cet égard. Il est chargé de l'inscription des nouveaux admis sur le livre matricule de la Société. C'est lui qui délivre, sur la demande des Comp.·. malades, les feuilles d'avis pour le Médecin et le premier en ville, et en prend note sur le registre des secours. Lorsque ces deux premières visites seront faites, il se concertera avec le Bureau à sa première réunion, à laquelle seront convoqués les Comp.·. premiers en ville qui auront des Comp.·. malades dans leurs corporations, pour qu'ils rendent compte de l'état des malades, de leurs besoins, des visites qui leur seront faites, et tout le temps que durera la maladie ; les premiers en ville se rendront aux réunions du Bureau.

Art. 26.

Il présentera à l'Assemblée mensuelle qui précédera l'Assemblée générale annuelle, un compte-rendu détaillé de la situation de la Société au point de vue administratif. Le Sous-Secrétaire adjoint le remplacera, en cas d'absence, dans toutes ses fonctions. Il a pour mission spéciale de faire les Convocations pour enterrements, Assemblées, etc. Sa nomination est à la disposition du Secrétaire, sauf ratification par la Société.

Art. 27.

Le Trésorier est dépositaire des fonds de la Société. Il tiendra un livre de caisse : recettes et dépenses. Il est civilement responsable des fonds confiés à sa loyauté, il devra en donner un inventaire obligatoire à chaque trimestre et à chaque réquisition du Bureau. Il acquittera les dépenses de la Société sur les mandats visés par le Président et par le Secrétaire. Il conservera les pièces justificatives de sa comptabilité. Les fonds de la Société seront placés à la Caisse d'épargne ou tout autre caisse désignée par le Bureau. Il peut conserver entre ses mains un fonds de roulement qui variera selon les besoins de la Société, et fixé ce jour à

Art. 28.

Le Receveur adjoint au Trésorier est spécialement chargé de recevoir les cotisations, de vérifier si les livrets sont en règle. Lorsqu'un Comp.·. acquittera ses cotisations, il apposera sur son livret le cachet *payé*. Il relèvera à chaque séance sur un livre en double les recettes et cotisations opérées, et déjà inscrites sur le livre du Trésorier. Ce double livre de caisse sera remis au Président ou au Secrétaire, qui le rapportera à chaque séance.

Art. 29.

Tous les lundis soir, le Trésorier, à huit heures, ainsi que le Receveur, pourront recevoir les cotisations à la réunion du Bureau ou à leurs domiciles.

Art. 30.

En cas de maladie ou d'absence du Trésorier, la caisse sera remise entre les mains du Président et du Secrétaire des affaires intérieures, qui délivreront quittance du contenu. A sa guérison ou à sa rentrée, il sera réintégré dans ses fonctions, et donnera quittance, à son tour, au Président et au Secrétaire.

Art. 31.

Le Maître des cérémonies est chargé de l'organisation de la Société. C'est lui qui, sur la feuille d'avis du Secrétaire, fait les démarches et formalités nécessaires pour les funérailles des Comp.·. C'est lui qui pare le cercueil des insignes compagnon.·., et, aussitôt les cérémonies terminées, il veillera à ce que tous les insignes appartenant à la Société soient rendus et rapportés au siége social. Les Maîtres des cérémonies adjoints remplaceront alternativement le Maître des cérémonies lorsqu'il les préviendra.

COMMISSION DES PREMIERS EN VILLE

Art. 32.

Pour faciliter la marche de la Société, seconder le Bureau dans ses travaux, et distribuer de la manière la plus frat.·. les secours à ses Membres y ayant droit, chaque corporation se nommera un premier en ville. Ces Comp.·. formeront une Commission ; cette Commission a à remplir des devoirs généraux, comme Commission collective, et des devoirs particuliers, comme composée des premiers en ville. Collectivement, la Commission s'occupera, sur l'invitation du Bureau, des questions comp.·. et philanthropiques, et résoudra les difficultés qui existent et divisent encore certains corps d'état et certains devoirs. Elle devra donner des conseils à des corporations qui se conduiraient mal, et tâcher de les ramener au bien et à la pratique des principes de fraternité qui doivent nous régénérer. Son action devra être d'autant plus efficace et énergique, que tous les corps d'état y sont représentés par un Comp.·. élu par ses collègues, dans sa corporation et son devoir.

Art. 33.

Comme Devoirs particuliers, les Comp.·. premiers en ville sont chargés des affaires spéciales de leur corporation. Ils devront présenter et répondre des Comp.·. qui voudraient se faire admettre parmi nous. Il devront, au reçu de la feuille d'avis envoyée par le Secrétaire, visiter de suite les malades et désigner les Comp.·. qui seront chargés de les visiter à tour de rôle pendant la maladie. Ils s'assureront que le service est bien et régulièrement fait, et par le Médecin et par les Visiteurs, *surtout* que les secours soient très-scrupuleusement donnés et particulièrement selon les besoins des malades. Chacun sera nommé visiteur à son tour d'inscription sur le registre. Un accord parfait doit exister dans tous les corps d'états à ce sujet.

Art. 34.

Tous les Membres du Bureau et la Commission des premiers en ville, à l'exception du Président, sont élus pour un an en Assemblée générale annuelle, à la majorité des voix et au bulletin secret. Ils sont rééligibles. Si le premier tour de scrutin ne donnait pas un résultat complet, on procéderait à un deuxième tour, et l'élection se ferait à la majorité relative.

DES ASSEMBLÉES

Art. 35.

La Société se réunit une fois par mois, aux jours et aux heures indiqués, dans le local de la Société, afin d'opérer les recouvrements des cotisations et entendre les communications qui pourraient intéresser la Société.

Le plus grand silence doit régner pendant les séances. Le Secrétaire lira le procès-verbal de la dernière séance. Après son adoption, il sera donné connaissance de la correspondance écrite et imprimée. La séance, sur l'ordre du Président, peut être momentanément suspendue; pendant cet intervalle, les Comp.·. Trésorier et Receveur recevront, à un bureau spécial, les cotisations. Il est interdit, pendant cette récréation, de s'occuper de discussions politiques ou religieuses quelles qu'en soient la nature et la nuance.

Art. 36.

Tous les trois mois, une Assemblée aura lieu. A cette Assemblée, qui prendra le nom de *trimestrielle*, le Receveur et le Trésorier donneront l'état de la caisse et des cotisations, et les Secrétaires celui de la Société.

Art. 37.

Chaque année, à la réunion qui précédera l'Assemblée générale annuelle, il sera nommé une Commission de sept Membres, chargée de vérifier les comptes-rendus présentés par les deux Secrétaires, et l'inventaire de la caisse et du mobilier présenté par le Trésorier. Cette Commission devra finir sa vérification de manière à permettre au Rapporteur du Bureau de préparer son travail pour l'Assemblée générale, après avoir été approuvé par le Bureau. Ce compte-rendu sera imprimé et envoyé aux Comp.·. de la Société, et à toutes celles de la correspondance.

Art. 38.

Chaque année aura lieu une Assemblée générale annuelle et *obligatoire*. A cette Assemblée, le Bureau, par l'organe d'un Rapporteur, présentera l'historique général et détaillé de sa gestion et de son administration. Ce compte-rendu donnera l'état financier de la Société, son état moral et philanthropique, ses rapports avec les Sociétés compagnonniques du Tour de France. Il devra surtout s'étendre sur l'influence de la Société et les progrès qu'elle a pu faire. A cette Assemblée, les Membres du Bureau et ceux de la Commission dite des premiers en ville seront renouvelés selon les formes usitées et décrites à l'art. 34.

Art. 39.

Si quelques faits importants ou imprévus par le Réglement exigeaient la convocation d'une Assemblée, le Président aura seul le droit de la commander.

COMMISSION

Art. 40.

Chaque fois qu'un fait motivera la nomination d'une Commission, le Président peut en faire composer une. Chaque année, il sera nommé, de droit, une Commission de révision des Statuts et un Commission d'examen des comptes.

QUESTIONS COMPAGNONNIQUES

Art. 41.

Les Comp.·. devront employer tous leurs moyens, réunir tous leurs efforts, soit individuellement, soit collectivement, pour amener la réconciliation de tous les Devoirs et de toutes les corporations. Ils doivent, dans leurs Sociétés respectives, agir dans ce sens par leur influence et principalement par leur raisonnement, afin de réorganiser nos Sociétés actives sur des bases plus rationnelles pour l'époque actuelle et enfin plus conformes aux intérêts moraux de ses Membres Il faut, pour obtenir une réorganisation convenable dans nos Sociétés compagnonniques et attirer la jeunesse à embrasser les lois utiles et sages du Compagnonnage, que tout Comp.·., à quel rite du Devoir auquel il appartient, prêche par l'exemple, c'est-à-dire, qu'il doit pratiquer l'humilité et la charité, à seule fin que le Compagnonnage ne soit plus qu'une Société ayant pour seul et unique but de se régénérer par la mutualité et la fraternité.

Art. 42.

S'il arrivait qu'au sein des Sociétés en activité, il survînt une mésintelligence ou division intérieure, le Président, de concert avec la Commission et le Bureau, nommeront une Commission dite d'*Union*, composée de Compagnons sérieux qui, par leur expérience et leur esprit de paix et de modération, puissent parvenir à réconcilier les parties entre elles.

Art. 43.

Chaque fois qu'un fait d'une haute importance, et intéressant le Compagnonnage, se produira à notre connaissance, les Sociétés actives seront convoquées à une Assemblée générale, ainsi que tous les membres de la Société, pour les instruire de ce qui est arrivé.

Art. 44.

Tous les ans, pour célébrer l'anniversaire de la fondation, à Paris, de la Société de Bienfaisance mutuelle entre les Compagnons de tous les Devoirs réunis, un Banquet aura lieu, auquel seront admis les Sociétés compagnonniques en activité, et les Compagnons régulièrement reconnus. Ils pourront amener avec eux les premiers aspirants de leur corporation. Cette initiation préparatoire fera connaître à ces aspirants la beauté de notre institution, qui ne peut s'écarter de sa devise : *Egalité, Fraternité.*

DES AMENDES ET PUNITIONS

Art. 45.

Toute amende ou punition est obligatoire, lorsqu'elle sera infligée à un compagnon, quelle que soit la position qu'il occupe dans la Société.

Art. 46.

En seront passibles les Compagnons qui contreviendront ou se rencontreront dans les cas suivants :

1°	Pour oubli de solder sa cotisation à l'époque déterminée	» 25
2°	Oubli de son livret de reçu, en exigeant un reçu détac.	» 15
3°	Pour manquer aux Assemblées générales, ordinaires ou extraordinaires pour élection..................	1 »
4°	Un membre du Bureau, s'il n'était pas représenté par son premier adjoint (dûment averti), de même du 1er envers le 2me adjoint...........................	1 50
5°	Un caissier payant un malade sans que le livret soit signé du médecin...........................	3 »
6°	Pour se présenter à une Assemblée sans sa carte....	» 25
7°	Pour prêter sa carte à un Compagnon de la Société.	» 75
8°	Pour prêter sa carte à un Compagnon étranger à la Société..	3 »
9°	Pour refus d'une fonction quelconque............	5 »
10°	Un compagnon qui, par suite de calomnie, porterait tort ou préjudice à un de ses F.·., sera jugé en	

Assemblée, ou par une Commission nommée à ce sujet, qui ne pourra, au minimum, lui appliquer moins de dix fr., et plus, selon la gravité du fait.. 10 »

11° Le Compagnon qui tromperait la Société sur la nature de sa maladie.. 15 »

12° Celui qui, de la Société, perdrait le Réglement qu'il a reçu lors de son admission, ne pourrait en obtenir un nouveau qu'en le payant.......................... 1 50

13° Tout Compagnon qui, sans demander la parole au président, se permettrait de la prendre.......... » 50

14° Si, à la suite de l'observation qui serait faite au Compagnon par qui de droit, il continuait à parler sans autorisation.................................. 2 »

15° Tout acte frauduleux commis par un Compagnon, quel qu'il soit, au préjudice de la Société, sera jugé et puni, en Assemblée générale, d'une forte amende, ou radiation, suivant la gravité du cas..........(mémoire)

16° Tout Comp.·. qui encourrait en justice une peine afflictive ou infamante sera exclu de la Société.

17° Tout Comp.·. se retirant de la Société, ou exclu pour quelque cause que ce soit, n'aura de recours à exercer contre aucun des membres de la Société, et le capital qu'il y aura versé sera perdu pour lui.

18° Si des Compagnons se rendaient coupables de fautes qui ne seraient pas assez graves pour être exclus de la Société, ils pourront être privés d'assister aux réunions, sans qu'ils soient exempts de leur cotisation, puis, en outre, être passibles d'une amende de.. 15 »

19° Le Compagnon qui subirait la punition d'être mis hors de Chambre ou exclu de la Société, sera aussitôt signalé à toutes les Sociétés de la correspondance.

20° Tout Compagnon qui ne s'acquitterait pas de son devoir de visiteur, sera passible d'une amende de. 1 »

21° Celui qui sera désigné pour faire partie du cortège à un enterrement, et qui n'accomplirait pas ce pieux devoir.................................. 2 »

DISPOSITIONS GÉNÉRALES

Art. 47.

L'exclusion d'un membre de la Société ne peut être prononcée que par la majorité plus un des membres présents, en Assemblée générale. Le scrutin se fera par assis et levé, à la demande de quinze membres; s'il y a doute, par bulletin secret.

Art. 48.

Un Compagnon malade qui appartiendrait à une autre Société, dont le médecin serait à l'année, perdrait ses droits au remboursement des visites de ce médecin; si cette seconde Société payait les visites du médecin, la Société alors paierait la moitié desdites visites.

Art. 49.

Tout Compagnon changeant de résidence est invité à en donner avis au Secrétaire qui, après en avoir pris connaissance, transmettra ce changement au Président.

Art. 50.

Le port des lettres est à la charge du Compagnon toutes les fois qu'il s'adresse aux membres du Bureau ou de la Commission. Ces derniers répondront toujours par lettres affranchies, dont les frais leur seront remboursés, ainsi que pour tout ce qui pourra être dans l'intérêt de la Société.

Art. 51.

Tous les Comp.·. en général, et chacun d'eux en particulier, après avoir pris connaissance et examiné sérieusement les articles des Statuts et Réglement de la Société, renouvelleront, sur la foi du serment, de les observer fidèlement et de s'y conformer scrupuleusement.

Paris.—Typ. Vert frères, 8, r. Pourtour-St-Gervais

Paris. — Typ. Vert frères, 8, r. Pourtour St-Gervais

www.ingramcontent.com/pod-product-compliance
Lightning Source LLC
LaVergne TN
LVHW012015170826
845678LV00004BA/1505

9782329624020